AF383950

THÈSE
Pour la Licence.

L'acte public sur les matières ci-après sera soutenu,

le jeudi 26 janvier 1854, à dix heures,

Par Ernest-Alexis-Ambroise GERVAIS, né à Paris.

Président : M. ROYER-COLLARD, Professeur.

Suffragants :
MM. VALETTE,
OUDOT,
} Professeurs

COLMET DE SANTERRE,
RATAUD,
} Suppléants.

Le Candidat répondra en outre aux questions qui lui seront faites sur les autres matières de l'enseignement.

PARIS.

VINCHON, FILS ET SUCCESSEUR DE Mme Ve BALLARD,

Imprimeur de la Faculté de Droit,

RUE J.-J. ROUSSEAU, 8.

1854.

285

A MON PÈRE.

JUS ROMANUM.

DE ADQUIRENDO RERUM DOMINIO.

Cum Deus hominem in vastis terrarum tractibus divina mente pollentem et quasi suffusum effinxit, hunc præfecit cæteris operibus suis, totiusque rerum naturæ regem cònstituit. Nec sane dubium quin solum et animalia et quodcumque existit ei subdita sint. Vis innata quædam cœlesti ratione defluens terras incalescere cogit et præstare fruges quæ in alimenta trahuntur; eadem frementi Oceano imposuit naves, atque ingentissimas feras et ore sublimi et fulgentibus oculis attonitas devicit. Illa autem potestas quam constat humano generi fuisse concessam haud longius indivisa exerceri patitur. Cumque omnibus nobis natura rerum inserviret, unusquisque partem ejus ad proprios usus vertere molitus est. Inde jus dominii, id est generale omnium in omnibus rebus imperium ad singulares personas translatum, atque, ut ita dicam, unius in una re factum. Quum ita se habeat hominum societas, omne dominium incipere debet manifesto et exteriore facto, quod occupatio dicitur. Quippe quæ sit factum quo homo quidam sive immobili sive mobili re potitur dicens : *hoc meum est*, et sua voluntate hanc rem penetrat et communi cæterorum arbitrio abducit et suam facit. Nec quidem sufficit sola corporalis adprehensio. Dixi jam et iterum dico principium dominii in humana mente, divina mentis emanatione, residere. Siquidem solus ex animalibus dominium tenere possit homo, causam habet voluntatem et intellectum quæ soli ei tribuuntur. Nunc si pro intellectu et voluntate dominium constituere liceat, necesse est ut ad id constituendum voluntatem et intellectum adhibeat. Ideo occupatio ut sit utilis, animum occupandi requirit. Et quamvis rem totam in inclusa manu comprehensam teneat, qui occupandi affectionem non habet, is non occupat. Et rursus quum exstat animus occupandi, non necesse est occupantem omnes glebas circumambulare, sed fundi quamlibet partem introire satis est; nam corporalis occupatio nihil est nisi certum et indubitabile signum prioris et veræ occupationis quæ est in animo.

Quin etiam conchylium quod in littore conspicimus, si mente hoc capiamus, nostrum fit priusquam manu adprehendatur; et aliud de ave etiam vulnerata, aliud de apro quem venatione insequimur dicendum. Avis enim e conspectu nostro evolare, aper insectationem nostram decipere potest. Sed si avis telo transfixa cadit, si aper in laqueis impeditus consistit, nobis illa adquiruntur, quippe quæ in potestatem nostram venerint. Omnes etenim casus peculiares ad unam speciem reduci possunt: est ne res in nostra potentia necne; et si diximus supra animum occupandi satis esse, intelligendum est de animo occupandi cui effectus præstare liceat.

Nec interest utrum in fundo suo an in alieno feras bestias et volucres quis capiat: sane dominus fundi hunc prohibere potest, ne ingrediatur. Si ingressus sit, feras et volucres venari potest, et suas facere. Non ita constitutum fuit de thesauro; dimidiam partem inventor habet et dominus fundi partem dimidiam. Et quidem thesaurus et dolosa perquisitione inventus, aut custodiæ causa non ultra hominum memoriam conditus totus domino reservatur. Idem est casus rerum amissarum aut vi majori derelictarum et abjectarum, non ea intentione ut alienetur dominium.

Si Proculeianis fidem adhibemus, occupationis quoddam genus specificationem esse dicemus, remque specificatam artifici tribuemus quasi novam rem quæ antea non erat, et ideo nullius erat, et vix enata fit occupantis, id est specificantis. At contra Saliniani eamdem materiam sub nova specie permanere contendunt; et materiæ domino speciem jure accessionis adquiri.

Ex utraque extrema opinione opinionem mediam duxerunt erciscundi. Hæc distinctio adhibita fuit, utrum res ad priorem formam reduci possit, an non. In priore casu prioris domini, in posteriore specificatoris est.

Res etenim inhærenti specie in perpetuum exuta, jam non exstat, nemoque extinctam rem vindicare potest, at non periit si pristinam formam recuperando sit habilis, et justum est vindicationem rei quæ non periit domino concedi. Quoad vetus dominium perdurare licet, perdurat, et si extinctum fuit, novum dominium surgit quod occupationi cedit.

Omnium igitur adquisitionum principium est occupatio. Ex ea primum accessio procedit. Censuerunt quidam nec pauci sane nec auctoritatis expertes accessionem adquirendi dominii non esse modum, dicentes nullo peculiari signo differre ab occupatione. Et tamen illud non omittendum quod cum ad occupandum affectus occupandi sit necessarius, accessiones nobis adquiruntur sine ullo voluntatis concursu. Et haud immerito dicere possumus bona quæque nobis inservientia more servorum nobis adquirere.

Intelligitur autem accessio quum duabus rebus mixtis aut cohærentibus altera extincta censetur, altera autem permanet. Hæc est scilicet nobis adquirendi causa ut interitu alterius res nostra crescat et augeatur. Et si res quæ sibi invicem cohærent,

naturam suam quæque propriam servant, distinguendum est,
et principia quæ specificationi eadem accessioni sunt applicanda. Potestne res accessoria a principali re sine ullo damno
distrahi, non fuit accessio, et servat dominium quodque suum
uterque dominus; at contra cum talis est conjunctio rerum ut
vel nullo prorsus modo vel tantum adhibita et devastatione quä-
dam separari possint, tunc sane cedit accessorium principali, ut
si lanam meam purpura tua tinctam haberem, vel si fundo meo
arbor tua radicitus eruta coaluisset. Nec pecora cum pecoribus,
nec grana cum granis commixta accessionem subeunt. Potestne
in his propria species discerni, quæque sui domini esse non
desinunt; at si talis est eorum paritas et similitudo ut discrimini
faciendo jam non apti simus, uterque dominus partem indi-
visam pecoris totius vel omnium granorum habet. In hoc enim
casu res nulla perit et duorum dominiorum fit agglomeratio non
confusio.

Atque eadem definitio admittenda est quum res ambæ pe-
reunt, quam cum nulla perit. Electrum ex auro meo argentoque
tuo firmatum fuit, nostrum est electrum pro pretio utriusque
materiæ, nec aliter statuendum est eo tempore quo metalla in
unum conflata ad priorem statum reverti non liceret. Nunc
autem novis artium disciplinis facile sunt separanda, alterum-
que ab altero educenda; melius igitur crederem et aurum meum
et argentum tuum totum remanere.

Liceat nunc ad verum et proprie dictum jus accessionis
reverti. In hoc duo effectus sunt discernendi : exitus vindicationis et adquisitio dominii. Nempe fieri potest, ut supra
diximus, aliquam rem accessoriam nequaquam extingui vel
interire, at in alia re tali modo includi et latere ut formam
exteriorem amittat necnon propria natura in tempus exuta sit ;
ut quum tigna in ædificando adhibita fuerint, jam non tigna
sunt, sed pars ædificii certa necessariaque. Plane destructo ædi-

ficio in natura rursus videbuntur, igitur dominium nec amittitur veteri domino, nec principalis rei domino adquiritur. Non perit jus, at ut ita dicam dormit, et suspensa manet vindicatio, quoad re sua ad priorem statum reversa, se dominum rei ceræ et exstantis is qui vindicat dicere possit. Fingamus autem purpuram in vestimento fuisse diffusam, tunc jam non purpura exstat, nunquam rursus exstabit, et quoniam nullum est corpus quod suum esse intendat, dominus non modo temporalem sed perpetuam vindicationem amittit et cum illo dominium cujus vindicandi, nec præsentem facultatem, nec quidem spem futuram habet.

Postquam ita constiterit accessorium principali cedere, agnoscendum est quid de principali, quid de accessorio audiatur. Est res accessoria quæ alteri attrahitur et ad illam tendit. Sunt tamen exceptiones. Nam dum litteræ accedunt chartis in quibus inscriptæ fuerunt, jussit Justinianus imperator picturæ tabulam, contra Pauli sententiam, cedere, et sane æquum est vili materia egregium mentis opus non absorberi, idque tunc accessorium existimari quod pretii longe minoris est. Generaliter accessoria dicemus quæque ad utilitatem vel incrementum alterius rei adjecta sunt, ut est gemma sigillo infixa, aut margaritæ quæ vestem decorant.

Haud immerito alluvionem genus quoddam accessionis esse arbitrantur. Est enim alluvio tam leve lentumque nostri dominii incrementum ut ea quæ adjiciuntur jam non sint agnoscenda et revera nullius facta sint. Quamvis constet has leves soli particulas quæ ripæ nostræ adhærent patienti undarum actione e superioribus ripis fuisse detractas, nostræ fiunt, quia in hac extrema tenuitate propriam formam non habent et nihil continent quod vindicationem ferre et sustinere possit. Si antea jam non vagam et cujusque temporis momenti auctionem fingamus, sed notabilem et manifestam terrarum adjectionem vel violenti fluctuum impetu, vel alia qualibet causa evenientem, nec est alluvio, nec alluvionis juri locus. Hæc terrarum massa fundo meo forte conjuncta, pars est alterius fundi, speciem suam signaque patentia servans, quumque dominus sit certus qui vindicationem exercere potest, non is dominio exuitur.

Nec ab illo casu differt inundatio, quum largiore undarum cursu, e lecto profluens flumen agrum occupat, non ejus naturam commutat nec peculiares quibus ab aliis discernitur qualitates. Postquam igitur decreverint fluctus, ager pristinum statum recuperans ejusdem domini esse non desinit.

Pauca memorare licet de ferruminatione et adplumbatura. Dixit Cassius ita ferruminatione rem accessoriam absorberi ut dominium pristinum pereat novumque dominium oriatur, nec disjunctis rebus priori domino vindicare liceat; exempli causa, si statuæ meæ brachium alienum ferruminatione adjectum fuisset, meum sit adeo, ut postea abruptum, meum etiam remaneret. Aliter autem agitur de adplumbatura, quæ vindicationem in tempus suspensam tenet, dominium vero non transfert. Quæquidem distinctio non pro certa datur, cum ejusdem Cassii qui hanc proposuit, discipulis non placeat, et a tota Sabinianorum secta repellatur.

In summa omnes casus una norma regit, facilis et plana : rem novam tantum occupatione mera vel accessione adquiri posse ; rem novam intelligi cum materia pristinam speciem amisit, nec recuperare potest.

Rursus distinguendæ sunt et quæstio vindicationis et quæstio dominii, nec putandum temporali vindicationis cessatione dominium exstingui.

Memorandum quoque, quum dominium huic amissum, illi autem adquisitum dicimus, non licere quemquam alieno damno locupletari. Qui dominus esse desiit, jus in re amittit justamque semper indemnitatem et consequi potest, et obtinere debet, imo erit duplex illa indemnitas quum agitur de tigno juncto; salvum igitur ejus patrimonium et tantum interest rem ne suam in natura recuperet, an pretium ejus in pecunia habeat.

Obtinendæ sunt indemnitates, tum exceptionibus doli mali, tum actionibus vel in factum vel in subsidium, nec est materies nostra specialiter eas tractare.

Tertius adquirendi modus in jure gentium est traditio. Et illa sane quædam occupationis signa præ se fert. Nempe res quæ traditur, a tradente derelicta fit nullius, derelictamque occupat is cui traditur. Itaque ut traditio valeat, necesse est ut is qui tradit animum domini exuat. Nam quod fecit suum voluntate, alienum fieri nequit nisi voluntate ejusdem, et mera possessio occupationi non est assimilanda tum cum in re aliena exercetur. Hic redimus ad magnum et dominans materiæ nostræ principium, scilicet, duo ad adquirendum dominium esse necessaria, primum ut res adquirenda nostri penes eveniat, vel certa voluntate ut in occupatione, vel tacito quodam sensu ut in accessione; secundum ut camdem nemo suam usque dicere possit, et pristini juris causa vindicare. Ita servantur jura cujusque, nec non viget naturalis æquitas, id est lex æterna quam edixit ipse Deus, conscientiæque omnium qui conscientiam habent quum nascerentur insculpsit.

II. Per quas personas nobis adquiritur.

In jure naturali, quælibet persona ratione prædita, libera est et ideo dominium adquirere potest. At jus civile servitutem atrocissimam humanæ dignitati injuriam sanxit, et innumeras hominum familias destituit facultatibus quas natura cuique largitur; libertate primum et per eam omnibus his quæ libertas post se trahit. Servus qui liber non est, non potest esse dominus.

Ipse alienum dominium patitur, non habet in se causam et

vires possidendi, quum se ipse non possideat. Quæcumque igitur
servo adquiri videntur, revera adquiruntur domino qui personam servi in sua absorbet.

Nam libertas et principium proprietatis, et potissima longe
omnium proprietas versatur. Necessaria ad adquirendum libertas, propria suimet dominatio, quæ rebus communicatur et
quodammodo nihil facit nisi proprium imperium augere et
suos extendere fines. Et tametsi prorsus iniquum sit omnibus-
que divinis legibus contrarium, quemquam libertatem alienam
possidere, et ad voluntatem suam vertere, tamen consequens est
quæcumque vel hujus pristinæ libertatis causa, vel effectu
voluntatis quæ hanc regit adquiruntur, domino adquiri.

Quæquidem norma non difficilius applicanda erit quum quis-
quam plenum dominium servi habet; novis autem impedi-
mentis circumdata surget quæstio, quum tenet alter dominium
nudum, alter usumfructum. Nec immerito constitutum fuit in
hoc casu hunc qui habet usumfructum omnia quæ servus vel ex
re fructuarii, vel ex operibus suis adquirit, adquirere, domino
autem tribui cæteras adquisitiones. Et si tertius usum servi
habeat, non ex operibus ejus, sed ex re propria tantum per
servum adquiret.

Imo per hominem liberum qui inscius nobis servit, et quem
bona fide possidemus, adquirere possumus, at tantum quasi usu-
fructuarius, id est ex re nostra et ex operibus hominis.

Et quod de servis idem de filiisfamilias dicendum. Sub paterna
potestate viventes nullum habent sibimet adquirendi modum,
excepto casu peculii castrensis, quod in argumentatione præsenti
non comprehenditur. Quippe qui civilium personarum quali-
tatem non habeant, et proprietatem ideo nec servare, nec
retinere possint. Illa per eos transit, et illico patrifamilias adquiritur. Nam solus paterfamilias dominió exercendo aptus est;
circum se totam familiam trahit et regit, et quidquid in fami-

liam ingreditur ejus est. Quiquidem intelligitur vim suam præstare illis quos in manu tenet, ut sibimetipsi adquirant. In summa, quum nostri penes versamur, per nos adquirimus personam nostram dominio suscipiendo habilem prætendentes, et per eos quos habemus in potestate, persona eorum animo domini occupata et in quoddam personæ nostræ incrementum conversa.

Et etiam per extraneam et liberam personam, veluti per procuratorem adquirere possumus quum agitur de iis rebus quæ sola possessione adquiruntur. Si quidem pro nobis possideat procurator, per hunc adquirimus possessionem et per eam dominium.

QUÆSTIONES.

I. An homo liber bona fide serviens, sibimet hæreditatem aditam adquirit? — Distinguendum.

II. Est ne accessio peculiaris adquirendi dominii modus? — Dubio procul.

III. An debet possessor bonæ fidei perceptos fructus, quamvis nondum consumptos, restituere? — Nego.

IV. An malæ fidei possessor omnia quæ in alieno solo ædificavit prorsus amittit? — Ratio habenda est impensarum necessariarum et utilium.

DROIT FRANÇAIS.

DE LA PROPRIÉTÉ ET DE L'ACCESSION.

La propriété est le pouvoir de l'homme sur la chose; c'est un droit inhérent à la nature humaine, l'application et l'exercice de cette incontestable souveraineté que Dieu nous a départie sur toute la création.

L'homme est né libre, avec une intelligence pour mesurer ses actes, une volonté pour les accomplir. De là son action raisonnée sur les objets extérieurs qu'il emploie à son usage, qu'il asservit à son empire.

La liberté, c'est-à-dire notre puissance sur nous-mêmes, n'existe qu'en vertu de cette conscience individuelle qui nous donne le sentiment et la notion de notre être. C'en est tout à la fois la condition nécessaire et la cause impérieuse. Seuls, les êtres doués de raison sont libres ; ils le sont tous. Quant aux corps inertes et animés chez qui cette conscience n'existe pas ou n'existe qu'imparfaitement, ne pouvant se posséder eux-mêmes, ils sont susceptibles d'être possédés.

Envahis et pénétrés par l'activité humaine, ils viennent se grouper et en quelque manière s'agglomérer autour de ce centre libre et pensant qui les attire, qui les saisit, qui les fixe, je veux dire la personne morale et maîtresse d'elle-même.

Or, celle-ci les entraîne dans sa sphère de mouvement et de vie; elle se les assimile, en se les attachant par un lien d'intelligence et de volonté; couvrant de sa prérogative ces choses, auxquelles la nature a refusé le don d'être libres, elle s'étend et se prolonge en elles.

Il faut donc voir dans la propriété un développement et comme une transformation de la liberté.

Marquée à son empreinte, elle participe à ses caractères; elle réclame les mêmes capacités, comprend la même plénitude et subit les mêmes exigences.

Ceci est tellement vrai, que ceux-là même qui niaient le principe en ont admis et fait ressortir certaines conséquences, par un enchaînement sans doute moins équitable que logique. Ainsi, le droit païen de l'ancienne Rome régularise et consacre l'esclavage. A ceux qu'il prive de la liberté, il refuse aussi le domaine. L'esclave ne peut être propriétaire, parce qu'il n'est pas libre. Le législateur est injuste, mais conséquent. Notre droit moderne, imbu de la divine influence de l'Évangile, comme nos mœurs, comme nos lettres, comme notre civilisation tout entière, rend à chacun la pleine disposition de sa personne, et à chacun aussi, ce qui en découle directement et forcément, la puissance d'acquérir et de conserver.

Attenter à la propriété, c'est attenter à la liberté; mais, de même que notre droit d'agir est limité par le droit semblable dont jouissent les autres hommes, notre droit de posséder ne peut franchir certaines bornes, et s'arrête là où commence le droit d'autrui.

La propriété est donc un principe d'équité naturelle, formant une des bases de l'ordre social, et par conséquent antérieur et supérieur à toute législation. Les codes humains n'ont fait que la définir et la réglementer, en conformant leurs décisions particulières aux notions qui viennent d'être établies. La loi civile reconnaît donc et proclame le droit de propriété ; elle y distingue trois éléments : l'usage, la jouissance et la disposition de la chose. Ces trois éléments peuvent être réunis dans une même personne ; ils peuvent être divisés et attribués à des personnes diverses. Il y a alors démembrement de la propriété. Le droit le plus étendu consiste à disposer de la chose, c'est-à-dire à l'aliéner, à la dénaturer et même à la détruire ; nul ne peut demander compte au propriétaire de ce dont il est le seul maître et le maître absolu. Vient ensuite la jouissance, c'est-à-dire la perception des fruits que la chose est destinée à produire. L'usage enfin comprend les divers modes d'utilité dont la chose est susceptible, à la condition de la conserver entière et de ne l'amoindrir ni dans sa substance ni dans ses accroissements. Tant que ces deux derniers droits ne sont pas disjoints du premier, ou dès qu'ils y ont fait retour, la propriété est pleine et entière ; c'est de plus un droit perpétuel, car il n'aurait la libre disposition de sa chose, celui qui, dans un temps plus ou moins proche, devrait la représenter et la restituer.

Or, un droit absolu sur un même objet ne peut appartenir à plusieurs ensemble. Celui qui est propriétaire l'est à l'exclusion de tel autre, et de la société elle-même qui, en règle générale, ne peut contrarier ni paralyser en lui l'exercice de son droit. Cette règle, si juste et si nécessaire, subit pourtant quelques exceptions, qui semblent suffisamment motivées par des considérations d'ordre public et d'intérêt général. Quand la propriété individuelle devient une entrave à la prospérité de tous, à la satisfaction légitime des besoins de chacun, on a cru pouvoir déroger à la rigueur des principes, et le propriétaire opiniâtre a vu briser son droit entre ses mains. La constitution de 1791 admet l'expropriation pour cause de *nécessité publique*, sous la

condition d'une juste et préalable indemnité. Le Code Napoléon, plus radical, voit dans la simple *utilité* une cause d'expropriation assez puissante.

C'est là la principale atteinte au droit de propriété; ce n'est
pas la seule. On peut encore citer, parmi les restrictions appor-
tées au pouvoir de l'homme sur sa chose, le droit de préemp-
tion, les lois relatives aux concessions des mines et aux dessé-
chements des marais, la confiscation des armes prohibées, des
livres interdits, les dispositions relatives à la culture du tabac
et aux manufactures répandant une odeur insalubre, etc., etc.
Cette vérité incontestable, que nul ne devrait nuire à autrui
par l'usage exorbitant de ses droits, a reçu l'interprétation la
plus large et la plus extensive; mais alors même qu'il modifie
aussi essentiellement la propriété, le législateur rend hommage
à son inviolabilité par les précautions qu'il prend et les motifs
qu'il invoque.

Cessant d'envisager la propriété en elle-même, j'arrive à en
étudier les effets. C'est ici que se présente la question d'accession
si grave, et si controversée. Beaucoup se refusent à y trouver
un moyen d'acquérir la propriété, et à l'appui de leur opinion
ils citent le Code lui-même isolant l'accession des autres moyens
d'acquérir, et la traitant dans un chapitre à part; c'est là en
effet un mode d'acquisition tout particulier, résultant d'une
propriété antérieure et dans lequel il ne faut pas considérer
seulement l'objet qui est acquis, mais aussi l'objet qui acquiert.
L'élément actif de la propriété l'emporte ici sur son élément
passif, et si les rédacteurs du Code n'ont pas relégué l'accession
au livre III, c'est que, tout en reconnaissant le déplacement de
droit qui s'opère alors, ils se sont préoccupés surtout de la cause
de ce déplacement. Si cette cause est précisément un des effets
de la relation qu'elle constitue, elle agit sur la chose, mais elle
en procède. Génératrice d'un droit nouveau, elle est elle-même

la conséquence d'un droit précédemment acquis, et c'est ce caractère d'accession qui a prédominé dans l'esprit du législateur ; c'est pour cela qu'il en expose les règles parmi celles de la propriété considérée en elle-même, non parmi celles qui en déterminent l'acquisition.

Le droit d'accession est double. Il comprend ce qui est produit par la chose et ce qui s'y unit, soit naturellement soit artificiellement.

Ce qui est produit par la chose se distingue en produits simples et en fruits. Les fruits sont des produits périodiques qui naissent de la chose sans en altérer la substance. Les produits simples forment au contraire partie intégrante de la chose ; la perception en est accidentelle et momentanée, elle amoindrit d'autant la substance du fonds.

C'est à propos des fruits que les adversaires de l'accession soulèvent leur plus puissante et plus solide objection. Loin d'accéder à la terre, disent-ils, les fruits s'en séparent et s'en distraient. C'est un démembrement de la chose qu'une force intime et cachée projette au dehors, et que le propriétaire retient par la perception au lieu de l'acquérir ; il y a discession non pas accession. Le propriétaire n'assume donc pas une puissance nouvelle sur des objets nouveaux, il conserve la portion du sol qui s'est tranformée en fruits, et qui par cette transformation n'a pu lui échapper. En raisonnant et en concluant de la sorte, on oublie que dans la nature rien ne se forme de rien, que pour donner naissance aux fruits, il faut dès éléments de fécondité étrangers au sol, et que dans l'ensemble de ces tributs journaliers que le hasard semble fournir à la terre, il est une accession insensible sans doute, mais constante et manifeste dans ses résultats. Il faut seulement pour établir ce fait se reporter à la formation première des fruits, et non à leur apparente production.

On assimile aux fruits les produits des hautes futaies aména-
gées et des carrières en exploitation.

En dehors de ces fruits, qui résultent de la destination naturelle de la chose, on distingue les fruits industriels et les fruits
civils. Les fruits industriels sont ceux qui ne proviennent pas
de la seule force des choses, mais qui réclament les soins et le
fait de l'homme. La nuance qui les sépare des fruits purement
naturels n'offre plus aucun intérêt pratique. Il en est autrement
des fruits civils qui ne sont proprement que des fruits fictifs, ne
procédant pas directement de la chose, mais représentant les
avantages qu'on peut en retirer. Tels sont les loyers des maisons,
les intérêts des capitaux, les arrérages des rentes; tels sont enfin
les fermages, grâce à la réforme introduite dans la législation
française par le Code Napoléon. Les fruits naturels ou industriels
s'acquièrent par la perception; les fruits civils s'acquièrent jour
par jour.

Le droit d'accession sur ce qui s'unit à la chose, attribue au
propriétaire du sol toutes les plantations et constructions faites
sur son fonds, c'est alors que le principe éclate dans toute sa
force. Il y a confusion et absorption d'une propriété dans une
autre. La chose devient active et pour ainsi dire intelligente.
Elle reflète et développe autour d'elle la domination dont elle
est pénétrée; elle exerce cette même puissance à laquelle elle
obéit. Il est indubitable en pareil cas que tout accroissement de
la superficie accède au sol; j'examinerai tout à l'heure à quelles
conditions.

Le législateur s'est attaché à sauvegarder également les intérêts de chacun. De là les règles établies à l'égard des possesseurs
de bonne ou de mauvaise foi, qui se trouvent détenir acciden-
tellement le fonds d'autrui. Voyons d'abord ce qui a été décidé
quant aux fruits. Si le possesseur est de mauvaise foi, il devra
restituer, en cas de revendication utile, avec le fonds lui-même,

3

tous les fruits que le propriétaire eût perçus à sa place s'il eût possédé. Bien entendu les impôts et les frais seront déduits du montant des fruits, puisque les fruits n'existent que sous la déduction des dépenses faites pour les obtenir.

Les produits extraordinaires, ceux que le possesseur de mauvaise foi a retirés de son industrie personnelle à l'occasion de la chose, mais non pas de la chose elle-même, ne sont pas assujettis à cette restitution.

Si la prescription est acquise, la revendication des fruits tombe avec la revendication du fonds.

Le possesseur de bonne foi a trouvé, et à juste titre, plus de faveur de la part des auteurs du Code. Il ne doit restituer que les fruits perçus postérieurement à la demande en justice, car cette demande le constitue de mauvaise foi et ne lui permet plus de jouir du bénéfice de son erreur. Jusqu'alors on suppose qu'il a dépensé les fruits à mesure qu'il les recueillait; que se croyant plus riche il a vécu le plus largement, et qu'une revendication tardive pourrait le ruiner en le forçant d'entamer son capital, alors qu'il croyait vivre sur ses revenus. C'est par une disposition analogue que le possesseur de bonne foi est dispensé de tous dommages-intérêts pour changements ou détériorations de la chose, à la condition qu'il n'en ait pas profité.

Le possesseur fait donc les fruits siens quand il est de bonne foi; il est de bonne foi quand il possède comme propriétaire en vertu d'un titre translatif de propriété dont il ignore les vices.

C'est ainsi que s'exprime le Code Napoléon, et la rédaction des articles a donné lieu à des interprétations diverses. Le système généralement adopté, c'est que le mot *titre* doit s'entendre, non pas d'un écrit plus ou moins régulier, mais d'un fait quelconque qui puisse expliquer et excuser l'erreur de celui qui possède; que l'erreur de droit, qui généralement ne peut avoir aucun effet juridique, peut être admise en pareil cas comme élément de preuve ; qu'il n'y a là qu'une pure question de fait ; qu'enfin le concours de la possession et de la bonne foi suffit pour établir la possession de bonne foi. Observons néanmoins que la bonne foi ne consiste pas seulement dans l'ignorance des droits du véritable maître, il faut, dans l'esprit du possesseur, la conviction intime et précise qu'il est le propriétaire de la chose. Du reste, contrairement à ce qui a lieu relativement à la prescription, qui ne s'accomplit par dix ou vingt ans que si dès le principe il y a eu possession de bonne foi, la perception des fruits n'exige qu'une sorte de bonne foi actuelle et spéciale au possesseur qui perçoit. La bonne foi est toujours présumée ; c'est au revendiquant à prouver qu'elle n'existe pas ; mais il peut rejeter la preuve sur son adversaire dans le cas d'erreur de droit. C'est alors au possesseur à prouver qu'il ignorait les dispositions législatives.

Le possesseur de bonne foi acquiert donc les fruits, mais rien que les fruits ; les produits lui échappent. S'il les a perçus il doit les restituer. Quant aux fruits eux-mêmes il ne les acquiert que par la perception, mais il les acquiert par la perception seule, et il n'est plus nécessaire, comme en droit romain, qu'il les ait consommés.

Je passe au second mode d'accession relatif à ce qui s'unit à la chose. Ce mode d'accession a lieu relativement aux choses immobilières et aux choses mobilières. En ce qui concerne les choses immobilières, il s'applique principalement aux plantations et constructions faites sur le sol, aux accroissements de territoire provenant de l'alluvion ou de toute cause analogue, enfin à cette sorte d'établissement que certains animaux forment dans un fonds déterminé.

Dans le cas de constructions, deux hypothèses peuvent se présenter : le maître du sol a construit avec des matériaux étrangers ; un étranger a construit avec ses propres matériaux. Dans l'une comme dans l'autre espèce, les matériaux sont devenus partie intégrante du sol par droit d'accession. Il n'y aura donc pas de revendication possible. Seulement, le propriétaire qui a construit lui-même sera tenu plus rigoureusement que celui sur le fonds duquel on a construit. Il devra rembourser la valeur des matériaux, et de plus il sera condamné à des dommages-intérêts s'il y a lieu. L'action du double, instituée en pareil cas par le droit romain, n'existe plus. Dans la seconde hypothèse, nous devons distinguer si l'auteur des constructions est un possesseur de bonne ou de mauvaise foi. Le possesseur de bonne foi ne peut être contraint à enlever ses travaux ; mais le propriétaire pourra, à son choix, lui payer le prix des matériaux et de la main-d'œuvre, ou simplement la plus-value dont son fonds aura profité. Cette faculté d'opter est de la plus haute importance, car la plupart du temps la plus-value donnée au fonds restera au-dessous des dépenses. Le possesseur de bonne foi y perdra donc toute la différence, qui peut être énorme surtout s'il s'agit de travaux voluptuaires. Cependant, le possesseur de mauvaise foi ne craint pas cette même chance. Il peut craindre, il est vrai, une nécessité plus rigoureuse : le propriétaire peut le forcer à enlever ses travaux ; mais s'il les veut garder il faut qu'il les paie, et qu'il les paie complétement. Quant à l'usufruitier, n'étant possesseur lui-même à aucun titre, puisqu'il ne fait que posséder pour le nu-propriétaire, les travaux sont considérés comme des libéralités ultérieures, déterminées et motivées par les avantages présents que lui-même en retire. Cette solution résulte de la jurisprudence de la cour de cassation.

L'alluvion profite au propriétaire riverain ; il en est de même des relais que forme l'eau courante par une insensible déclinaison de son cours. Les lacs et étangs sont en dehors de cette règle. L'alluvion n'a lieu que sur ces parcelles du sol devenues méconnaissables par leur lente dissolution et à raison même de l'impossibilité où se trouve le véritable propriétaire d'établir son droit en revendiquant sa chose. Si donc l'impétuosité d'une rivière entraînait dans son cours des arbres ou quelque notable portion de terrain, pour les porter sur un autre fonds, le droit de revendication subsisterait pendant une année. Le délai expiré, si le propriétaire du fonds inférieur a pris possession de cet accroissement, une sorte de prescription lui est acquise.

Les îles, îlots et attérissements qui se forment dans le lit des rivières navigables ou flottables appartiennent à l'État, s'il n'y a prescription contraire. Dans les rivières qui ne sont ni navigables ni flottables, on suppose une ligne tracée au milieu du lit. Les riverains ont la propriété respective des îles qui naissent de chaque côté de cette ligne. L'île produite par la formation d'un nouveau bras de rivière continue à appartenir au même propriétaire. Sa substance n'est pas changée non plus que sa destination. C'est un fonds entouré d'eau.

Si la rivière change de lit, l'ancien lit abandonné appartient de droit au propriétaire du fonds nouvellement occupé. C'est là une indemnité que chacun recueillera proportionnellement à la perte qu'il subit.

Le propriétaire d'un colombier, d'une garenne ou d'un étang, acquiert de droit les pigeons, les lapins ou les poissons qui viennent séjourner chez lui.

Tels sont les principes élémentaires et généraux de l'accession immobilière. Quant à l'accession mobilière, le législateur en abandonne l'appréciation à la discrétion du juge, qui se déterminera d'après les inspirations de sa conscience et les règles de l'équité. Il se borne à fournir comme exemples quelques solutions qui ne paraissent même pas impératives.

QUESTIONS.

I La propriété artistique et littéraire est-elle soumise à l'expropriation pour cause d'utilité publique? — Non.

II. Celui qui acquiert *a non domino*, et en vertu d'un titre annulable, s'il a cru acquérir du véritable propriétaire peut-il faire les fruits siens? — Non.

III. L'héritier pur et simple du possesseur de mauvaise foi acquerra-t-il les fruits s'il est lui-même de bonne foi? — Oui.

IV. Le créancier apparent d'une rente doit-il, alors qu'il est de bonne foi, restituer les arrérages qu'il a perçus? — Oui.

V. Le possesseur de bonne foi acquiert-il les fruits civils jour par jour? — Oui.

VI. La prescription de cinq ans établie par l'art. 2277 est-elle applicable aux restitutions de fruits dues par le possesseur de mauvaise foi? — Non.

VII. L'acquéreur des matériaux d'une maison non démolie peut-il revendiquer ces matériaux? — Non.

VIII. Le droit de rétention est-il accordé au possesseur de mauvaise foi? — Non.

IX. L'indemnité due au possesseur de bonne foi pour ses travaux doit-elle se compenser avec les fruits par lui perçus?—Non.

X. La bonne foi du possesseur peut-elle durer après la demande en justice formée contre lui? — Non.

XI. Les questions d'accession mobilières sont-elles laissées à la discrétion du juge? — Oui..

Vu par le Président de la thèse,
ROYER-COLLARD.

Vu par le Doyen,
C.-A. PELLAT.